FAÇAM A REVOLUÇÃO!

SUA SANTIDADE,
O DALAI-LAMA
E SOFIA STRIL-REVER

FAÇAM A REVOLUÇÃO!

O APELO DO DALAI-LAMA
AOS JOVENS DO SÉCULO XXI

Escrito por Sofia Stril-Rever,
com base em entrevistas exclusivas

Tradução
Célia Regina R. de Lima

Copyright © 2017 Dalai Lama Foundation, Sofia Stril-Rever
Copyright da tradução © 2018 Alaúde Editorial Ltda.
Título original: *Faites la révolution: L'appel du Dalaï-lama à la jeunesse*

Publicado originalmente por Massot Éditions/Éditions Rabelais.
Publicado no Brasil mediante acordo com a Massot Éditions/Éditions Rabelais em conjunto com 2 Seas Literary Agency e seu coagente Villas-Boas & Moss Agency.
Todos os direitos reservados. Nenhuma parte desta edição pode ser utilizada ou reproduzida – em qualquer meio ou forma, seja mecânico ou eletrônico –, nem apropriada ou estocada em sistema de banco de dados sem a expressa autorização da editora.

O texto deste livro foi fixado conforme o acordo ortográfico vigente no Brasil desde 1º de janeiro de 2009.

Preparação: Mário Vilela
Revisão: Silvana Salerno e Rosi Ribeiro
Redação do posfácio: André Albert
Capa e projeto gráfico: Amanda Cestaro
Impressão e acabamento: EGB – Editora e Gráfica Bernardi

1ª edição, 2018
Impresso no Brasil

Dados Internacionais de Catalogação na Publicação (CIP)
(Câmara Brasileira do Livro, SP, Brasil)

Bstan-'dzin-rgya-mtsho, dalai-lama xiv, 1935-
Façam a revolução! : O apelo do dalai-lama aos jovens do século xxi / sua santidade, o Dalai-lama, Sofia Stril-Rever ; tradução Célia Regina de Lima. -- 1. ed. -- São Paulo : Alaúde Editorial, 2018.

Título original: Faites la révolution : l'appel du Dalaï-lama à la jeunesse. Escrito por Sofia Stril-Rever, com base em entrevistas exclusivas.
ISBN 978-85-7881-519-6

1. Budismo 2. Bstan-'dzin-rgya-mtsho, dalai-lama XIV, 1935- 3. dalai-lama - Ensinamentos 4. Vida espiritual (Budismo) I. Stril-Rever, Sofia. II. Título.

18-14574   CDD-294.3923

Índices para catálogo sistemático:
1. Dalai Lama : Ensinamentos : Budismo tibetano 294.3923

2018
Alaúde Editorial Ltda.
Avenida Paulista, 1337, conjunto 11
São Paulo, SP, 01311-200
Tel.: (11) 5572-9474
www.alaude.com.br

Sumário

1. CONFIO EM VOCÊS 7
A União Europeia, modelo de paz para o mundo 11 Berlim, novembro de 1989 – juventude, paz, democracia 13 Derrubem os últimos muros da vergonha! 15 A guerra, um anacronismo total 18

2. REBELEM-SE PELA PAZ! 23
Sejam a geração das soluções! 25 Adotei o lema "Liberdade, igualdade, fraternidade" 27 As revoluções passadas não mudaram o espírito humano 31

3. FAÇAM A REVOLUÇÃO DA COMPAIXÃO! 35

Chegou a hora da compaixão 36 Meu sonho é que as mulheres se tornem chefes de Estado! 38 Estou consciente da falência das religiões 41 Inteligência coletiva e compaixão 43 O egoísmo é contra a natureza 46

4. O QUE VOCÊS PODEM FAZER PELO MUNDO? 53

Sejam atletas da compaixão 54 Responsabilidade universal 58 Há urgência 60

5. O MUNDO DA COMPAIXÃO EXISTE 65

A revolução do dalai-lama 67 Existir é coexistir 69 O despertar da insurreição da compaixão 74

O MANIFESTO DA RESPONSABILIDADE UNIVERSAL 77

POSFÁCIO: UMA LIDERANÇA NO CAMINHO DO MEIO 81

NOTAS 95

1
CONFIO EM VOCÊS

Caros irmãos e irmãs, jovens amigos,
Vocês nasceram no começo deste terceiro milênio. Constituem a juventude do mundo. Assim como vocês, este século não tem nem vinte anos, ainda é bem jovem. O mundo vai crescer com vocês e ser fruto daquilo que fizerem por ele. Lanço este apelo porque os tenho observado e confio em vocês. Faz alguns anos que me encontro com jovens, seja na Índia, seja em minhas viagens a países distantes, na Europa, Estados Unidos, Canadá, Austrália, Japão. Ao conviver com vocês, concluí que sua geração é capaz de transformar este século emergente num século de paz e diálogo. Vocês conseguirão que a humanidade,

hoje tão dilacerada, se reconcilie consigo e com o meio ambiente.

A renovação que vocês representam é contra as trevas do mundo velho, um caos de escuridão, sofrimento e lágrimas. Vocês são a força que deve enfrentar essa perigosa noite, em que o ódio, o egoísmo, a violência, a ganância e o fanatismo ameaçam a vida na Terra. A juventude tem a força implacável do amanhã, que permite deixar para trás o obscurantismo herdado do passado.

Jovens amigos, vocês são a esperança para a humanidade. Peço-lhes que ouçam minha mensagem e a registrem. Confio no futuro, pois acredito piamente que vocês saberão conduzi-lo com mais fraternidade, justiça e solidariedade.

Falo com base em minha experiência de vida. Tenho 82 anos. Aos 16,[1] em 17 de novembro de 1950, perdi a liberdade quando subi ao trono dourado de Lhasa para assumir o posto supremo, tanto político como religioso, do Tibete. Aos 25 anos, em março de 1959, perdi meu país, que foi anexado à força pela República Popular da China. Nasci em 1935 e conheci os horrores do século XX, que registrou as maiores carnificinas da história.

FAÇAM A REVOLUÇÃO!

Isso porque a maravilhosa inteligência humana, em vez de servir, respeitar e proteger a vida, resolveu exterminá-la, usando a mesma força que dá energia ao Sol. No mundo de hoje, os arsenais de diversas potências nucleares têm capacidade para destruir o planeta dezenas de vezes.

Os pais e avós de vocês presenciaram guerras mundiais e inúmeros outros conflitos que ameaçaram o mundo de maneira atroz, tendo causado 231 milhões de mortes no século passado. Um *tsunami* de proporções inusitadas atingiu a humanidade, alimentando-se de nacionalismos exacerbados, do racismo, do antissemitismo e da doutrinação ideológica. Fui contemporâneo do Holocausto nazista na Europa, da devastação nuclear no Japão, da Guerra Fria, dos massacres de populações civis na Coreia, Vietnã e Camboja e da Revolução Cultural e das fomes que causaram 70 milhões de mortes na China e no Tibete.

Todos nós vimos o Afeganistão e o Oriente Médio se incendiarem em conflitos que devastaram lugares outrora berços da humanidade. Hoje vemos imagens do mar Mediterrâneo coalhado de corpos afogados de crianças, adolescentes e adultos – mulheres e homens que tentaram desesperadamente fazer a travessia na esperança de sobreviver e salvar os familiares.

Também estamos testemunhando o colapso do ecossistema terrestre, com o declínio alarmante da biodiversidade, em que uma espécie animal ou vegetal desaparece a cada vinte minutos. Assistimos ao desmatamento maciço na Amazônia, o que destrói o último grande pulmão do planeta. Observamos a acidificação de todos os oceanos, o branqueamento da Grande Barreira de Coral, o degelo no Ártico e na Antártica. No Tibete, considerado o terceiro polo da Terra, o derretimento das 46.000 geleiras do Himalaia ameaça de esgotamento os grandes rios da Ásia, fontes de vida para 1,5 bilhão de ribeirinhos.

Tudo isso é mais do que sabido por vocês, já que nasceram e cresceram na espiral dessa destruição em escala mundial, por causa das guerras, do terrorismo e da exploração desenfreada dos recursos naturais.

* * *

A União Europeia, modelo de paz para o mundo

Mas não se deixem contaminar pela "síndrome do mundo mau", segundo a expressão cunhada por George Gerbner![2] Vocês correriam o risco de mergulhar no desespero, de não perceber que é graças à educação para a democracia e para os direitos humanos que se propaga o espírito de paz. Sim, a reconciliação é possível! Vejam o exemplo da Alemanha e da França. Elas travaram dezenas de guerras desde o século XVI, atingindo o apogeu de barbárie nos dois últimos conflitos mundiais. Em 1914 e 1939, em Paris e Berlim, comboios militares conduziam jovens soldados para o *front*. Eles tinham a idade de vocês e nem desconfiavam das atrocidades que os esperavam nos campos de batalha, na lama das trincheiras, nos campos de concentração. Uma juventude dizimada, famílias enlutadas, milhões de crianças órfãs, países em ruínas, uma civilização de joelhos.

Mas, entre os beligerantes de outrora, o anseio pela paz prevaleceu sobre o patriotismo belicista. Konrad Adenauer e Robert Schuman, líderes visionários, construíram as bases para a União Europeia, conduzidos por um ímpeto de fraternidade e de solidariedade exemplares. Outros políticos deram continuidade a esse trabalho de conscientização e diálogo, que cicatrizou as feridas de populações profundamente marcadas. A Europa me dá muitos motivos para ter esperança na geração de vocês. Sua dinâmica de paz vai ao encontro da nova realidade deste século. Um movimento de tal dimensão não será detido pela ascensão do nacionalismo em alguns Estados-membros. Como vocês sabem, já existe em todo o mundo inúmeras organizações de caráter regional que seguem o modelo europeu.[3] É preciso integrá-las de maneira mais produtiva para minimizar os riscos de conflito e promover os valores democráticos e as liberdades fundamentais – desrespeitados em todos os continentes nas áreas onde não vigora o Estado de Direito. Eu os convido, portanto, a difundir pelo mundo inteiro o espírito da União Europeia.

Jovens da África, criem a verdadeira União Africana, reunindo os países de seu grande continente. Jovens americanos e canadenses, façam a União Norte-Americana. Jovens da América Latina, construam a União

Latino-Americana. Jovens asiáticos, fundem a União Asiática. Em nível internacional, a Organização das Nações Unidas (ONU) também terá mais chance de dar vida à bela fórmula que abre sua Carta fundadora: "Nós, os povos das Nações Unidas..."

Berlim, novembro de 1989 – juventude, paz, democracia

Gostaria de relembrar um fato inesquecível que ocorreu em novembro de 1989. Não sei se vocês se recordam de que, na época, a Alemanha estava dividida em dois Estados hostis, fisicamente separados por um muro de cimento de 3 metros de altura e mais de 150 quilômetros de extensão. Era chamado de "Muro da Vergonha". Repleto de torres de vigia, impunha uma segregação entre um povo e famílias do Leste e do Oeste, originada por conflitos ideológicos.

Eu estava em Berlim no momento exato em que dezenas de milhares de jovens manifestantes, entusiasmados, abriram com as próprias mãos uma primeira brecha no Muro e, depois, derrubaram um a um os postos de

CONFIO EM VOCÊS

fronteira, sem violência. O mundo inteiro estava em alerta. Diante do arrebatamento da juventude, a história mudava dramaticamente. Tanto no lado ocidental como no oriental, a nova geração rejeitava o conflito ideológico e afirmava seu desejo de reunificar o povo alemão. A reconciliação tornou-se possível graças à política de transparência iniciada em 1986 por meu amigo Mikhail Gorbatchev, que liderava a antiga União Soviética. Ele proibiu que atirassem nos jovens e, posteriormente, declarou que a queda do Muro de Berlim tinha evitado uma Terceira Guerra Mundial.

Lembro-me da minha emoção ao, com uma vela na mão, me aproximar do Muro demolido. A multidão eufórica me ergueu sobre os escombros. Foi um momento muito especial: senti o espírito de paz e de liberdade se espalhar pelo mundo. Pediram-me que fizesse um pronunciamento. Declarei então que, assim como a queda do Muro parecia impossível no dia anterior mas se tornara realidade, o Tibete recuperaria a liberdade.

Aquele acontecimento em Berlim adquiriu um valor simbólico muito forte para mim, que, em março do mesmo ano, tinha visto as imagens intoleráveis da sangrenta repressão às manifestações pacíficas em Lhasa. Três meses depois, em junho, tanques massacravam os estudantes na Praça da Paz Celestial, em Pequim. Contudo, em novembro de 1989, a destruição do Muro de Berlim revelava a possibilidade de uma vitória da juventude e da não violência contra uma ditadura liberticida. Hoje em dia, quando penso nesse acontecimento, encaro-o como um epílogo das tragédias do século XX. Ele deixou para trás as sequelas da Segunda Guerra Mundial e anunciou o fim iminente do comunismo na Europa Oriental. Tal colapso dos regimes totalitários reforçou minha fé na adesão da juventude aos valores universais da democracia e da solidariedade. Na verdade, as consequências da sangrenta Revolução de 1917, que congelara o destino da União Soviética durante sete décadas, foram dissipadas graças à insurreição de uma juventude pacifista, sem que se tivesse derramado uma gota de sangue sequer.

Derrubem os últimos muros da vergonha!

Jovens de todo o mundo: neste princípio do século XXI, derrubem os últimos muros da vergonha, inclusive os que se elevam em sua própria consciência! Muros do egoísmo, da identidade cultural excludente, do individualismo, do orgulho e da ganância... Tudo o que divide pertence ao passado. Aquilo que separa ou exclui não conseguiria resistir ao impulso de paz que a geração de vocês representa.

A violência às vezes nos parece necessária. Achamos que, para resolver um problema mais rápido, devemos usar a força. Para isso, no entanto, temos de passar por cima dos direitos e do bem-estar alheios. Dessa forma, em vez de resolvermos a questão, nós a abafamos – o que, mais cedo ou mais tarde, fará com que ela volte. A história mostra que vitórias e derrotas militares não duram muito. O mesmo acontece na vida cotidiana, entre a família e os amigos. Sem argumento válido, nós nos deixamos levar pela raiva e pela violência, que são sinais de fraqueza. Portanto, usem a inteligência e observem as reações de seu espírito. Quando estamos com raiva, somos tomados por uma energia cega que oculta nossa maravilhosa capacidade de distinguir o certo do errado. Meu amigo Aaron Beck, psiquiatra americano, explica que 90% da negatividade que direcionamos a uma pessoa ou objeto quando sentimos raiva é fruto de nossas projeções mentais. Procurem analisar bem o que se passa em seu íntimo para evitar esse tipo de emoção. Ao fazerem isso, vocês se libertarão e atingirão a paz. Quando usamos a razão, conseguimos reduzir e até eliminar a raiva e seus efeitos, como a agressividade e a violência.

É essencial que sempre examinemos nossas motivações profundas e as de quem nos contesta ou é nosso adversário. Às vezes, é difícil escolher entre a violência e a não violência. Não se esqueçam, porém, de que uma motivação negativa sempre resulta numa atitude ofensiva ou destrutiva, mesmo que, na forma e na aparência, essa atitude seja amável. Por outro lado, se nossa motivação for sincera e altruísta, produzirá uma ação não violenta e benéfica. Só uma compaixão esclarecida pode justificar o uso da força como último recurso.

Os ocidentais têm uma abordagem diferente da questão. Para eles, a não violência e a resistência pacífica se ajustam melhor à cultura oriental. Como são mais movidos pela ação, querem obter resultados imediatos e concretos em qualquer circunstância. Sua atitude, eficaz no curto prazo, acaba sendo contraprodutiva no longo prazo, ao passo que a não violência, que exige paciência e determinação, é sempre construtiva. A queda do Muro de Berlim e os movimentos de libertação da Europa Oriental ilustram bem esse tema. Lembro-me também de que, na primavera de 1989, os estudantes chineses que tinham nascido e crescido sob o regime comunista puseram espontaneamente em prática a estratégia da resistência pacífica, defendida pelo Mahatma Gandhi. Mesmo diante da brutalidade da repressão, eles se mantiveram pacíficos. Apesar de todas as doutrinações, a juventude prefere o caminho da não violência.

A guerra, um anacronismo total

A não violência é a solução pragmática para os conflitos de nossos tempos. Embora eu tenha presenciado a guerra em meu próprio país – onde há mais de sessenta anos a Polícia Armada do Povo, sob as ordens de Pequim, faz reinar o terror, oprimindo mais do que nunca a liberdade e a dignidade dos tibetanos –, continuo a ser, decididamente, um porta-voz da paz mundial. Em todas as minhas palestras, explico como criar os motivos e as condições para a paz, em nós mesmos e à nossa volta. Se eu não acreditasse que a paz é possível, não faria esse tipo de discurso. Atualmente, a guerra tornou-se um anacronismo total. Juridicamente, já não há nem sequer declaração de guerra, e alguns países exigem um voto do Parlamento para autorizar operações militares. As velhas ideologias belicistas estão, portanto, ultrapassadas, e cada conflito armado provoca manifestações pela paz nas grandes capitais do mundo. Fico orgulhoso de vocês quando, às dezenas de milhares, se unem em nome da reconciliação, da fraternidade e dos direitos humanos. As campanhas de solidariedade, que mobilizam inúmeras pessoas pelas causas humanitárias, comovem-me. A geração de vocês é a primeira a se globalizar graças às tecnologias da informação. Usem com discernimento as redes sociais – que lhes permitem acelerar a conscientização – sem ficar dependente da internet e dos jogos *on-line*! Divulguem informações independentes e de qualidade, a serviço da verdade e da ética! Fiquem atentos para não divulgar *fake news*! Como "digitais nativos", vocês são cidadãos do mundo, pois a cultura digital não conhece fronteiras. Para vocês, os jovens de todos os países não são seus amigos, camaradas, parceiros, em vez de rivais, opositores ou adversários? A guerra faz parte do temperamento humano, sem dúvida. Mas os genocídios do século passado produziram uma conscientização nas pessoas mais velhas. Os pais de vocês diziam: "Nunca mais!". E mostravam que, por meio do diálogo e da não violência, é possível resolver os problemas no seio da grande família humana.

Vocês podem argumentar que, mesmo tendo entrado no século XXI, ainda presenciamos uma explosão de conflitos que as grandes potências insistem em resolver pela força. Como a instituição militar é considerada legal, ainda há quem ache a guerra aceitável, sem se dar conta de que é um empreendimento criminoso. Essas pessoas sofreram tamanha lavagem cerebral que não conseguem entender que toda guerra é monstruosa. O grande paradoxo de nossa época é que, no sentido jurídico, já não existe guerra, mas, ainda assim, as crises e carnificinas se multiplicam. Vocês, jovens, foram alvo de atentados assassinos. Em Paris, em novembro de 2015... Em

Manchester, em 22 de maio de 2017... Esses últimos acontecimentos me marcaram profundamente. Eles me partiram o coração. Jovens massacrando outros jovens! É inconcebível, insuportável! Aqueles que agrediram vocês não nasceram terroristas; tornaram-se terroristas após terem sido manipulados em nome de um fanatismo arcaico e brutal, que os leva a considerar glorioso o ato de destruir, castigar e aterrorizar.

Não se deixem desanimar por isso! A missão de vocês é aprender com os erros do passado, desenvolvendo o diálogo, a tolerância e a comunicação não violenta. Caso se deparem com a violência desmedida, não se deixem abater pelo medo, que produz ressentimento, raiva e sede de vingança. Inspirem-se no primeiro-ministro norueguês que, depois de atentados sangrentos que ocorreram em seu país em julho de 2011, declarou que o governo reagiria ao terror com mais democracia, abertura e tolerância. É se afastando do ódio fratricida que vocês se tornarão artesãos da paz. Está próximo o dia em que sua geração jogará a guerra no lixo da história. Talvez então vocês se lembrem do que eu lhes disse alguns anos antes.

2
REBELEM-SE PELA PAZ

Aos 82 anos, estou prestes a dizer adeus, *bye bye, my dear young brothers and sisters!* Pela idade, sou um homem do século xx. Mas, devido à minha profunda ambição de paz, sinto que pertenço ao futuro e à juventude do mundo. Nesse sentido, temos eu e vocês a mesma idade – a idade dos recomeços. O fim da minha vida e o começo da sua se cruzam. Nosso encontro se assemelha ao instante efêmero da alvorada, quando escuridão e luz se tocam no céu. Não é mais noite. Ainda não é dia. É o nascimento do dia. No horizonte, uma página se fecha, outra se abre. Cabe a vocês, jovens amigos, escrever nessa página em branco a nova história deste século, que espero que seja a mais bela e mais feliz de que se tem memória.

Eu já tinha previsto esse futuro de paz no Tibete na época em que nasci. Quando era adolescente, só conhecia os outros países por meio das revistas ilustradas que chegavam a Lhasa, as quais eu folheava avidamente. Em minha primeira viagem à Índia, em 1956, no lombo de iaque e de cavalo, eu queria ver os arranha-céus de Nova York do alto de nossos desfiladeiros, que são os mais altos do planeta. Esperava divisar aqueles prédios no telescópio de bronze herdado de meu antecessor, com o qual eu observava as crateras lunares nos terraços do Palácio do Potala.* A partir daí descobri a civilização moderna e participei da evolução das mentalidades, mas nunca me afastei de meu compromisso de defender a paz a qualquer custo. Ancorado em minhas observações, posso afirmar que, se vocês se envolverem na violência, verão o fim da humanidade. O século XXI ou será o século da paz, ou não será nada, deixará de existir.

Jovens de todas as nações, eu os convido a ser a primeira geração de paz numa Terra fraternal. Construam uma cidadania mundial! E

---

* Centro religioso e político situado em Lhasa, a capital do Tibete. (N. da T.)

que isso seja não uma utopia, mas um objetivo estratégico! Pois cabe a cada um de vocês impedir que o século XXI reproduza os sofrimentos, a devastação e os banhos de sangue do passado. Tenho certeza de que vocês conseguirão semear e colher a paz e a fraternidade, as grandes aspirações da humanidade.

Sejam a geração das soluções!

Os problemas que vivem hoje não foram criados por vocês. Minha geração e a de seus pais – gerações do século XX – é que foram problemáticas. Sejam a geração das soluções! Seus pais não tiveram a intenção de sabotar o meio ambiente. A maior parte das pessoas só percebeu a catástrofe quando já era tarde demais. Por quê? Porque a degradação da natureza foi ocorrendo tão progressivamente que, durante muito tempo, passou despercebida. Em 2011, realizei em Dharamsala um encontro com especialistas internacionais cujo tema era "Ecologia, ética e independência".[4] Um deles afirmou que lamentava que o CO_2 fosse incolor e inodoro. Se o gás fosse azul ou rosa, se tivesse cheiro, seria fácil identificá-lo. Assim, os políticos e as pessoas em geral estariam conscientes dos perigos de sua concentração.

Tenho sugerido, em tom de brincadeira, que reuníssemos os governantes numa sala fechada e espalhássemos CO_2 no ambiente pelo tempo necessário e em quantidade suficiente para que sentissem dificuldade de respirar e algum desconforto – é claro que o objetivo não seria asfixiá-los, mas sim sensibilizá-los para que tomem urgentemente as medidas de segurança necessárias. Pois, pela primeira vez na história da humanidade, o direito de vocês à vida, bem como o de seus filhos, está ameaçado.

Parabéns aos jovens americanos de 9 a 20 anos pelas iniciativas em prol das gerações futuras! Parabéns a esses adolescentes que fizeram valer seu direito constitucional fundamental de viver em um ambiente não poluído pelos gases do efeito estufa![5] Um juiz deu razão a eles, apoiando-se em laudos científicos: a concentração de CO_2 na atmosfera não garante mais às crianças deste milênio atingir a vida adulta em total segurança. Esse tipo de processo judicial não se restringe aos Estados Unidos. Um movimento internacional pela justiça climática se espalhou mundo afora, da América do Norte às Filipinas, da Nova Zelândia à Índia ou à Noruega, para exigir que os governantes e as empresas assumam a responsabilidade por esse impacto ambiental. Queridos jovens, sejam os pioneiros da justiça climática, pois isso diz respeito diretamente a vocês! O engajamento de grande parte dos jovens me deixa tranquilo e otimista. Os problemas que vocês enfrentam em relação ao clima, à violência em geral ou ao terrorismo em particular não foram criados por Deus, pelo Buda nem pelos extraterrestres. Eles não vêm do céu nem da terra. São problemas que a própria humanidade provocou em toda parte. E isso é uma boa notícia. Pois, se fomos capazes de criar tais conflitos, é lógico supor que temos os meios para resolvê-los. As crises que enfrentamos não são uma fatalidade. Eu lhes pergunto: e se a fraternidade for a solução para essa crise?

Adotei o lema "Liberdade, igualdade, fraternidade"

Lembro-me da primeira vez em que ouvi falar da Revolução Francesa. Foi no Palácio do

Potala. Eu era criança e também ouvi mencionarem a Revolução Russa. Apaixonado por esses acontecimentos, resolvi me informar com os raros estrangeiros que conhecia e que se tornaram, por assim dizer, meus professores em ciências profanas. Lembro-me também da primeira revolução que pude acompanhar, ainda no Tibete. Foi a Revolução Húngara, em 1956. Eu estava longe de Budapeste, mas, emocionalmente, sentia-me muito próximo dos jovens rebeldes.

Eu ficara impressionado com os ideais da Revolução Francesa que se tornaram o lema republicano por excelência, "Liberdade, igualdade, fraternidade". No fim, acabei adotando esse lema. O objetivo da minha busca espiritual, como budista, é me libertar da ignorância fundamental que cria a ilusão de uma separação entre as pessoas e o meio ambiente, ignorância que causa todo o sofrimento. A igualdade também é um princípio budista, porque todos os seres sensíveis, humanos e não humanos, têm o mesmo potencial para despertar. Chamamos a prática da igualdade de imparcialidade ou equanimidade. Por fim, a fraternidade é a propagação do amor e da compaixão, cultivados no dia a dia.

A Constituição da Índia complementou o lema francês acrescentando-lhe uma quarta palavra: "justiça". A mim parece apropriado, pois, sem justiça econômica e social, a fraternidade se torna um ideal nobre, mas inútil.

Assim que subi ao trono como líder temporal e religioso do Tibete, em 1950, meu primeiro gesto político foi em benefício da fraternidade. Nas prisões próximas do Potala, tinha visto inúmeros detentos condenados ao suplício da canga, peça de madeira pesada e grossa que envolvia o pescoço da vítima. Seu peso e rigidez prejudicavam a coluna cervical. Ordenei então uma anistia geral em todo o Tibete. Depois comecei a reformar nossa sociedade feudal, estabelecendo um sistema judiciário independente. Nomeei um comitê encarregado de redistribuir as terras e abolir o sistema da dívida hereditária, que subjugava a comunidade camponesa à aristocracia. Contudo, logo em seguida, os ocupantes chineses tomaram o poder, impondo a versão antidemocrática da modernização do Tibete.

Em 1959, fui obrigado a fugir, porque minha vida estava em perigo. Foi durante o exílio, na Índia, que consegui democratizar nossas instituições. Em 2 de setembro de 1960, os primeiros deputados eleitos na história do Tibete prestaram juramento em Dharamsala, e em seguida redigi uma Constituição que proclamava a separação dos poderes, a igualdade dos cidadãos perante a lei, as eleições livres e o pluralismo político. Esse texto, fundamentado na Declaração Universal dos Direitos Humanos, de 1948, estabelecia as bases de um Estado leigo e transpunha nossos valores espirituais para o compromisso solene de lutar pela não violência e pela paz.

Tive de me esforçar muito para convencer os tibetanos a aceitar essas reformas que restringiam a extensão tradicional de meus poderes. A reverência e a veneração excessivas inibiam os tibetanos; portanto precisavam aprender a democracia. Foi somente em 2011 que consegui, voluntária e orgulhosamente, delegar minhas responsabilidades políticas e laicizar por completo nossa democracia, mesmo exilado. Como podem ver, meus jovens amigos, os tibetanos não precisaram fazer a revolução, ao contrário dos revolucionários franceses, que decapitaram seu rei e deram a vida pela conquista da democracia.

* * *

As revoluções passadas não mudaram o espírito humano

Como sou o dalai-lama do Tibete, algumas pessoas se espantam porque tenho opiniões políticas. No entanto, sou discípulo da Revolução Francesa. E nunca perco a oportunidade de dizer isso quando estou na França, por exemplo, ou quando me encontro com jovens franceses. Embora eu esteja longe de conhecer detalhadamente a história da Revolução Francesa, sei que ela deu ao mundo a primeira Declaração dos Direitos do Homem, cujos importantes princípios inspiraram a Declaração Universal de 1948. Talvez vocês não saibam que, no Tibete, é proibido possuir um exemplar desse documento. Tê-lo é considerado um ato de subversão extremamente grave, equivalente a um crime contra a segurança do Estado, sendo passível de prisão e tortura. Por aí se pode avaliar o alcance revolucionário da Declaração dos Direitos do Homem. Tenho a impressão de que, historicamente, os intelectuais franceses sempre demonstraram um raciocínio global, uma visão universal e aberta para o mundo. Os mais brilhantes são os grandes espíritos rebeldes, com senso crítico aguçado, que é do que necessitamos no século XXI para derrubar aquelas ideologias antiquadas que tanto nos prejudicaram.

Discípulo do Buda e da Revolução Francesa, sou também discípulo de Karl Marx. Aliás, ele considerava a França a nação revolucionária por excelência e explicou muito bem o mecanismo da insurreição de 1789. A antiga sociedade não se adaptava mais à realidade econômica de sua época, o que levou a um confronto de classes sociais para conquistar o poder e os privilégios monopolizados pela aristocracia. O mesmo raciocínio se aplica à Revolução Bolchevique, na Rússia dos czares. Foi igualmente um movimento de reivindicação contra a exploração abusiva do proletariado. Essas lutas de emancipação e de justiça social tornam a revolução necessária caso os responsáveis políticos rejeitem as mudanças. Portanto, do ponto de vista da distribuição de riquezas e da fraternidade, sou marxista e lamento que Lênin e depois Stálin tenham corrompido o pensamento original de Marx, desviando o ideal comunista para o totalitarismo.

Como já disse, é importante estudar a história para não repetir os erros do passa-

FAÇAM A REVOLUÇÃO!

do. Se vocês analisarem todas as revoluções, perceberão que elas foram fruto de conflitos de interesses, sentimentos de ódio, de cólera e de frustração que se ampliaram, tornaram-se incontroláveis e acabaram desencadeando o processo de rebelião. Tanto a Revolução Francesa quanto a Revolução Bolchevique ou a Revolução Cultural produziram carnificinas, vandalismo e terror. Mesmo tendo provocado a queda de líderes políticos ou mudanças de regime, elas não transformaram radicalmente o espírito humano.

As revoluções do final do século xx se diferenciaram pelo estilo pacífico. E foram os jovens os defensores da paz. É por esse motivo que, ante os desafios de nossa época, eu os convoco a fazer uma revolução sem precedentes na história da humanidade.

3
FAÇAM A REVOLUÇÃO DA COMPAIXÃO!

Em junho de 2017, fui convidado pela Universidade da Califórnia, em San Diego, a discursar durante a entrega de diplomas. Havia inúmeros estudantes chineses, acompanhados dos pais, que tinham vindo para prestigiar os filhos. "Façam a Revolução Cultural da Compaixão!", disse eu, acrescentando que hoje os espíritos estão amadurecidos. Hoje, a Revolução da Compaixão não é utopia. Lanço este apelo a vocês: "Jovens do século XXI, façam a Revolução da Compaixão!" Tais palavras não são uma frase de consolo nem um *slogan* sem sentido. Não é o sonho ingênuo de um monge budista idoso, desconectado da realidade. Quando os estimulo a fazer a Revolução da Compaixão, estou sugerindo que façam a Revolução das Revoluções! Muitas figuras ilustres realizaram diferentes tipos de revolução: econômica, tecnológica, energética, educacional, espiritual, ética, interior, a revolução das consciências e do coração... Sou favorável a todas elas, motivadas pela urgência de um mundo melhor. Para mim, entretanto, a Revolução da Compaixão é a alma, o suporte, a inspiração de todas as outras.

Chegou a hora da compaixão

Por quê? Porque a compaixão é fundamental. As pessoas a associam erroneamente a um ideal irrealizável, a um sentimento nada prático. Vocês cresceram em sociedades tão materialistas e individualistas que expressar compaixão talvez pareça sinal de fraqueza. Não se esqueçam de que a compaixão é, antes de tudo, a energia que sustenta nossa existência. Contudo, no momento em que faço este apelo, a vida está em declínio na Terra. Dois terços da população de vertebrados já desapareceram.

Por toda parte, nos campos, nos oceanos, na atmosfera e nas florestas, a vida está regredindo. Essa sexta extinção em massa, após a dos dinossauros, há 66 milhões de anos, tem consequências gravíssimas para o ecossistema e a população mundiais. No entanto, ela está diretamente ligada ao impacto da ação humana, intensificada pela tecnologia. Precisamos desenvolver a compaixão e refletir sobre a maneira que habitamos o planeta, para assim tentarmos restaurar a vida nele.

Hoje, compreendemos finalmente a natureza biológica da compaixão, graças ao desenvolvimento das neurociências afetivas e sociais, que analisam as emoções, os sentimentos e as competências interpessoais. Pesquisadores descobriram que a compaixão influencia positivamente a neurogênese, a formação de novos neurônios, desde a gestação e durante toda a existência. Já a agressividade restringe o desenvolvimento dos circuitos neuronais, destrói as células nas estruturas cerebrais e bloqueia a expressão de alguns genes.

A compaixão, portanto, tem uma função básica no desenvolvimento e na plasticidade do cérebro. Ela promove a evolução harmo-

FAÇAM A REVOLUÇÃO DA COMPAIXÃO!

niosa e ideal das crianças e adolescentes. Na idade adulta, é fator importante para o vigor e a saúde. De fato, quando a mente está imbuída de compaixão, inibem-se os genes do estresse e altera-se a bioquímica cerebral, gerando os hormônios da felicidade.

Os pais, educadores, pediatras e psicólogos já sabiam disso intuitivamente. Mas ainda era preciso provar objetivamente ao mundo que amar, proteger, respeitar e cuidar dos semelhantes são características da espécie humana e condição básica para sua sobrevivência. Os comportamentos agressivos, destrutivos, brutais, coléricos ou cruéis não são apenas antissociais, mas também contra a nossa natureza.

Meu sonho é que as mulheres se tornem chefes de Estado!

As mães têm papel crucial na infância de todos nós, os 7 bilhões de indivíduos deste planeta. Vocês sabem que, sem o amor de sua mãe, não teriam sobrevivido. Essa é a lei da natureza. Os pais também têm papel importante, mas, no começo da vida, a mãe é insubstituível. É ela quem está mais próxima ao corpo, ao coração e ao espírito do filho. Foi ela quem o carregou no ventre e o trouxe ao mundo. A vivência desse laço primordial é decisiva. Vocês cresceram e se alimentaram tanto do leite quanto do carinho materno. Já foi demonstrado que a maioria dos indivíduos associais sofreu carência afetiva na primeira infância.

De minha parte, nasci em uma família pobre e cresci numa aldeia de uma região pouco desenvolvida do Tibete oriental. No entanto, sempre me senti rico, inundado pela imensa bondade da minha mãe. Nunca vi a menor expressão de raiva em seu rosto, e ela só semeava o bem à sua volta. Eu a considero meu primeiro mestre. Foi ela quem me transmitiu o ensinamento inestimável da compaixão.

Jovens mulheres, sejam as mães da Revolução da Compaixão de que este século tanto precisa. Vocês têm uma missão especial, que é dar à luz um mundo melhor. Estudos comprovam que as mulheres, por sua constituição biológica, são mais empáticas, mais sensíveis e mais receptivas aos sentimentos dos outros. São essas as qualidades que elas encarnam quando se tornam mães. Nesse sentido, as mulheres são modelos de humanidade. Se observarmos a história, constataremos que, em todas as épocas, nos cinco continentes, foram os homens que provocaram carnificinas e destruições. Eles se tornaram heróis, quando deveriam ter sido condenados como criminosos!

Na Pré-História, reinava a lei do mais forte, e a força muscular do homem determinava sua superioridade em relação à mulher. Assim foi imposto o domínio masculino. Com o tempo, porém, essas relações de força evoluíram. A educação, o conhecimento, as competências tornaram-se preponderantes. Sou absolutamente feminista e me alegro ao ver as mulheres, cada vez mais jovens e numerosas, assumirem cargos de alta responsabilidade. Aliás, tive a honra de conhecer chefes de Estado do sexo feminino. Então, jovens amigas, sugiro que assumam papel ativo na vida política e econômica de seu país. Assim, estarão em postos-chave para levar adiante a Revolução da Compaixão.

Assumam a liderança, pois precisamos de vocês para promover o amor e a compaixão! Realizem meu sonho de ver as cerca de duzentas nações do mundo serem governadas por mulheres! Desse modo haveria menos guerras, menos violência, menos injustiça econômica e social. Acima de tudo, não pensem que, para conseguir esses altos cargos e mantê-los, é necessário reproduzir os comportamentos masculinos mais indignos! A verdadeira força se origina do amor e da compaixão. Quanto mais mulheres exercerem o poder nesse sentido, mais a violência diminuirá. Jovens mulheres do terceiro milênio, sejam as pioneiras da Revolução das Revoluções!

Estou consciente da falência das religiões

Espero que vocês entendam que, quando peço que façam a Revolução da Compaixão, não falo em nome de uma ideologia. Porque não acredito em ideologias – sistemas de ideias preconcebidas que são aplicadas à realidade e que o partido político do governo impõe como obrigatórias. A ideologia é ainda mais perigosa quando se alastra por todos os setores da sociedade. Além de vocês não a identificarem mais, ela condiciona, inconscientemente, sua maneira de compreender o mundo.

FAÇAM A REVOLUÇÃO DA COMPAIXÃO!

Também não falo da Revolução da Compaixão como budista, como dalai-lama ou como tibetano. Falo como ser humano, e não se esqueçam de que vocês também são humanos antes de ser americanos, ocidentais, africanos, integrantes de um grupo religioso ou étnico. Essas características são secundárias; não deixem que elas assumam o controle. Quando digo "Sou monge", "Sou budista", "Sou tibetano", trata-se de realidades subalternas à minha natureza humana.

Rendam-se à evidência: todos somos membros de uma única família humana. Nossas desavenças têm causas secundárias. Construam relações de proximidade, confiança e compreensão em mútua colaboração, sem se prender a diferenças de cultura, filosofia, religião ou crença. Ser humano é fundamental. Vocês só deixarão de ser humanos quando morrerem. As outras características, de menor importância, estão sujeitas aos ventos aleatórios da mudança.

Após os atentados de Paris, em novembro de 2015, tomei consciência da falência das religiões. Todas elas cultivam convicções que nos separam em vez de nos unir em torno do que temos em comum. Nenhuma delas conseguiu criar um ser humano melhor nem um mundo melhor. É por isso que não hesito em lhes dizer hoje, em 2017, que precisamos urgentemente ir além da religião. É possível viver sem religião. Mas conseguiríamos viver sem amor ou compaixão? A resposta é não. Pois, como indicam hoje as pesquisas científicas, a compaixão é nossa realidade biológica e humana fundamental.

Inteligência coletiva e compaixão

Vocês, jovens adultos, estão enfrentando conflitos ideológicos e religiosos. Sofrem as injustiças do sistema econômico, que explora indiscriminadamente os recursos naturais, sem permitir que a delicada fonte da vida se regenere. Para viver como os australianos, o povo mais perdulário da Terra,[6] seria preciso mais de cinco planetas. E 67 bilionários monopolizaram bens equivalentes aos de metade da população mundial. Isso é totalmente absurdo! Totalmente inaceitável! Como lidar com essa situação insensata que é fruto de um individualismo patológico? A única saída é fazer a Revolução da Compaixão, que dará um novo impulso à democracia, ampliando a solidariedade entre as pessoas. Ponham compaixão no coração da humanidade, criando novos modelos de colaboração que unam as comunidades locais à comunidade mundial em rede! Apostem na inteligência coletiva, que é a da partilha! Mais do que nunca, é hora de agir! Pois, se vocês são a primeira geração da história a enfrentar a ameaça de extinção da vida no planeta, são também a última que pode solucionar o problema. Depois de vocês, será tarde demais.

Para fazer a Revolução da Compaixão, é necessário tomar consciência de alguns fatos. Neste alvorecer do terceiro milênio, vocês são os filhos do ecossistema Terra. O mundo é sua pátria, e a humanidade, sua família. Adotem padrões de consciência planetários inter-relacionados e sejam coerentes até o fim. Em cada um de seus atos de consumo, cultivem uma vigilância global, avaliando sua "pegada energética", informando-se sobre as formas de produção e reciclagem dos objetos de uso cotidiano, pois eles causam impacto no planeta.

Talvez pareça inofensivo utilizar embalagens de plástico descartável, trocar constantemente de celular, comer hambúrgueres ou *nuggets*. Uma garrafa de plástico pesa somente alguns gramas. Sim, é verdade, mas esses gramas se somam aos de todas as outras garrafas consumidas por 7 bilhões de seres humanos. Resultado? A cada segundo, 209 quilos de plástico são lançados nos oceanos. Boa parte vai parar no estômago dos pássaros e dos mamíferos marinhos, que acabam agonizando nas praias. Eles morrem de fome, com a barriga cheia de garrafas, copos, escovas dentais, isqueiros... que passaram por nossas mãos.

Outro exemplo: para produzir um único quilo de carne de vaca, é necessário 15 quilos de cereais e 50 litros de água. Um terço das terras aráveis do mundo é cultivado para nutrir o gado destinado à alimentação dos países ricos. Essas formas de produção são criminosas, sendo responsáveis por uma fome que seria abolida de imediato se nos tornássemos vegetarianos. Apenas um dia sem carne nos Estados Unidos permitiria alimentar 25 milhões de pessoas durante um ano. Expandam seus horizontes, portanto, e reflitam sem jamais perder de vista a complexidade do conjunto de todas as variáveis!

Essas informações e muitas outras estão disponíveis instantaneamente nas redes sociais que vocês tanto adoram e que lhes dão acesso a um grau prodigioso de inteligência coletiva. Os acontecimentos de um país afetam todos os outros – essa é a nova realidade da nossa época. É fundamental tomarmos consciência de que estamos ligados aos outros 7 bilhões de pessoas e à totalidade dos ecossistemas que condicionam nossa vida. As atitudes individualistas e egocêntricas são perigosas porque pouco realistas. Convido-os, então, a se submeter a um processo de transformação interior que capte a realidade interconectada da vida. Vocês fazem parte do mundo tanto quanto o mundo faz parte de vocês. Ao se transformarem, transformam o mundo. E, com o tempo, a consciência da interdependência leva à diminuição da violência, pois o que interessa aos outros interessa também a vocês.

O egoísmo é contra a natureza

Ser consciente é também não ficar escravo das emoções nem das fantasias. A violência, filmada com efeitos especiais, tem efeito fascinante, sem dúvida. Nas telas vocês veem uma média de 2.600 mortes por ano, ao passo que na vida real não veem nenhuma, espero. E, ao testemunhar a fúria assassina dos atentados terroristas, certamente constataram como ela é desprezível. A violência das diversões em vídeo é uma fantasia que beneficia as indústrias que se alimentam do medo das pessoas. É importante distinguir essas coisas. Quero que sejam a primeira geração a praticar o que chamo de "higiene emocional". Aprendemos a prestar atenção no que ingerimos, a evitar alimentos e comportamentos prejudiciais à saúde. Isso é muito bom. Mas acredito que as crianças e os jovens deveriam ser também ensinados a compreender suas emoções, em vez de reprimi-las. Experiências desse tipo já vêm sendo implantadas em escolas dos Estados Unidos, do Canadá e da Índia desde o jardim de infância. Se vocês refletirem um pouco, perceberão que são responsáveis pela maioria dos problemas que enfrentam na vida. Por quê? Porque se deixam levar pelos padrões repetitivos de emoções destrutivas. Ter consciência disso é fundamental. A propósito, lancei em 2016 um *site* intitulado

"Atlas das Emoções".[7] Trata-se de uma cartografia abrangente e precisa dos estados emocionais, realizada cientificamente por meu amigo Paul Ekman, professor de psicologia, com o apoio de uma equipe de 149 especialistas. Visitem o *site*, que apresenta um mapa interativo para orientá-los nos meandros de seus sentimentos, e relatem-me suas experiências. O Atlas pode ajudá-los a avaliar o impacto das demandas e dos acontecimentos externos sobre seu estado psíquico. Uma discussão, por exemplo, pode desencadear agressividade. À medida que a raiva aumenta, aprendam a observar suas reações: vocês elevam o tom de voz, ficam nervosos e, às vezes, violentos. Com o auxílio do Atlas, conseguirão neutralizar e depois eliminar os sentimentos negativos e autodestrutivos para então cultivar emoções positivas.

Minha educação clássica no budismo me ensinou a seguir as leis da interdependência e do potencial humano para cultivar uma compaixão infinita. Nas orações budistas, incluem-se os quatro pensamentos incomensuráveis: amor, compaixão, alegria e equanimidade. Mas, para além de minha tradição religiosa, a física contemporânea me fez vislumbrar de outro ângulo a qualidade ilimitada desses estados de consciência. Cheguei a tal compreensão graças às minhas conversas com Abdul Kalam.[8] Conhecido como "Sakharov indiano", ele me confiou ter encontrado a essência do princípio da incerteza quântica no pensamento do grande santo budista Nagarjuna, que apresentou a doutrina da produção condicionada.* A visão quântica confirma assim a intuição ancestral da interdependência em níveis de entrelaçamento de extrema sutileza. Até em suas estruturas mais ínfimas, vocês estão em ressonância com o sistema solar, a Via Láctea, o cosmos e tudo o que poderiam imaginar. Antes de nascerem, durante a vida e após a morte do corpo físico, suas células vibram com o universo em limites que ainda desconhecemos. Seus pensamentos e sentimentos se prolongam até o infinito em níveis que nem sequer somos capazes de conceber.

---

* Segundo essa filosofia, os seres e objetos têm múltiplas condições que os originam e sustentam e, por isso, devem ser sempre considerados parte de um todo. Nagarjuna viveu na Índia entre a segunda metade do século II e a primeira do século III. (N. da T.)

FAÇAM A REVOLUÇÃO DA COMPAIXÃO!

Para serem altruístas, vocês não precisam se privar de certas coisas nem negligenciá-las. Ao contrário, se fizerem o bem a outra pessoa, serão beneficiados da mesma forma, graças ao princípio da interdependência. Também desenvolverão um temperamento mais sereno, mais imparcial. E entenderão até que ponto o egocentrismo é contra a natureza, já que contradiz a realidade da interdependência fundamental. Se observarem sua própria vida, notarão como o egoísmo fecha todas as portas, ao passo que o altruísmo as abre.

A filosofia, a ideologia, a política e a teoria econômica do Ocidente propagaram a crença de que a competição, alimentada pela rivalidade, pela inveja, pelo ciúme e pelo ressentimento, é o que torna uma sociedade criativa e dinâmica. O século xx estimulou uma concorrência destrutiva, em que a convivência se vê marcada pela indiferença mútua e pelo egocentrismo. Assim como admiro o desenvolvimento das sociedades ocidentais, lamento que a ideologia que elas defendem tenha levado a geração dos pais de vocês a ignorar a lei da interdependência, corolário da compaixão. Percebi isso sobretudo nos países desenvolvidos, onde a maior parte da população tem padrão econômico muito elevado e, ao mesmo tempo, permanece terrivelmente isolada e solitária. Não acham paradoxal que, mesmo com centenas de vizinhos, muitos idosos acabem reduzidos a expressar seu amor apenas aos gatos e cachorros? É hora de reconduzir a sociedade e as relações humanas a um caminho de mais respeito e benevolência.

4
O QUE VOCÊS PODEM FAZER PELO MUNDO?

Meus jovens amigos, vocês certamente estão se perguntando como fazer a Revolução da Compaixão. Na verdade, é uma revolução interior, o que não significa que não influirá no mundo exterior. Ao contrário, as consequências dela serão maiores que as da Revolução Francesa, da Bolchevique ou da Chinesa, que foram as mais extremas da história. O Grande Espetáculo da Compaixão não ocorrerá sem o empenho da geração de vocês e da geração de seus filhos. Como já mencionei, a compaixão tem um fundamento neurobiológico que nos põe em ressonância com o sofrimento alheio para aliviá-lo. Mas de que maneira estender essa disposição natural para além do círculo de familiares ou amigos, ou seja, para pessoas desconhecidas ou até hostis?

Sejam atletas da compaixão

Essa questão vem sendo pesquisada pela ciência da compaixão, que surgiu nos laboratórios de grandes universidades americanas.[9] Um de seus eminentes criadores é o neuropsiquiatra Richard Davidson. Em 1992, quando me visitou em Dharamsala pela primeira vez, ele confessou que praticava meditação reservadamente, pois ela não era bem-vista pelos colegas. Explicou-me o teor de seu trabalho, que dizia respeito a depressão e doenças psíquicas. Comentei que, embora fosse importante estudar as patologias do espírito humano, seria bom direcionar suas pesquisas para estados mentais positivos, a fim de descobrir como desenvolvê-los. De fato, acredito que a compaixão, o amor e a bondade podem ser conquistados com a prática, pois eu mesmo realizei isso em minha tradição contemplativa. Depois de ter refletido bem, Davidson redirecionou sua pesquisa nesse sentido. No início, esse neuropsiquiatra não se expressava muito sobre o assunto; mas, passados 25 anos, a situação se inverteu. Agora as verbas de pesquisa afluem para o seu departamento, cuja equipe trabalha numa verdadeira ciência da compaixão. Comparando o comportamento de animais e humanos, os pesquisadores concluíram que as habilidades cognitivas e o raciocínio analítico ajudam a desenvolver a compaixão. Se observarmos nossa própria reação de compaixão, perceberemos uma sequência de cinco níveis. O nível 1 é cognitivo: reconhecemos o sofrimento do outro. O nível 2 é afetivo: preocupamo-nos com esse sofrimento. No nível 3, o da intenção, queremos eliminá-lo. No nível 4, o da atenção focalizada, concentramo-nos no sofrimento alheio. No nível 5, o comportamental, comprometemo-nos concretamente na ação de aliviar a dor. Identificar essas cinco fases é a primeira parte do processo de educação sistemática da compaixão.[10]

Tornem-se atletas da compaixão! Assim como um esportista dc alto nível, vocês aperfeiçoarão seu desempenho com a prática regular. De fato, no início dos anos 2000, os neurocientistas descobriram a plasticidade cerebral, ou seja, a habilidade de transformar a estrutura, a química e o funcionamento do cérebro por meio de exercícios repetidos e progressivos. Portanto, com um esforço adequado, é possível adquirir uma forma de compaixão incondicional, da qual darei dois exemplos.

O primeiro é o do monge tibetano Lopon-la, que, após ter passado dezoito anos num campo de concentração chinês, viveu até os últimos dias no meu mosteiro de Namgyal, em Dharamsala. Ele me contou ter corrido grave perigo durante a prisão. Achei que ele se referisse ao risco de perder a vida por causa da tortura e dos maus-tratos. Mas não! O perigo em questão era perder a compaixão por seus carrascos. Porque Lopon-la sempre cultivou o amor por todos os seres, incluídos os torturadores que se esforçavam em fazê-lo sofrer.

O segundo exemplo é o de Richard Moore, meu herói. Aos 10 anos, na cidade norte-irlandesa de Londonderry, ele foi atingido no rosto por uma bala de borracha e perdeu a visão. Dias depois, o tio foi morto por paraquedistas britânicos que dispararam nos manifestantes da marcha pelos direitos civis do Domingo Sangrento.[11] Moore, contudo, procurou o soldado que havia atirado em seu tio e o perdoou. Os dois se tornaram amigos e participantes ativos de uma associação de apoio a crianças que vivem em zonas de guerra.[12] A que grau de humanidade a compaixão pode nos levar! É uma força irresistível de perdão e reconciliação.

Fiquem tranquilos: não é necessário vivenciar situações semelhantes nem se tornar monge, budista ou ser tibetano para chegar a esse nível de ilimitada compaixão amorosa. Todo mundo pode atingir esse estágio. E, para começar, digo-lhes: "Façam da compaixão a força propulsora de sua vida!". Em primeiro lugar, revolucionem sua compreensão da natureza humana. Se a geração de vocês desenvolver a convicção – com base científica – de que o ser humano tem o coração aberto e generoso, imaginem que impacto isso exercerá quando a sociedade em geral for imbuída de uma visão positiva da humanidade! As relações de poder contemporâneas vão evoluir para uma nova economia do cuidado, baseada na confiança recíproca e nos interesses mútuos! Uma ética laica da solicitude, centrada nos valores humanos universais de benevolência, tolerância, generosidade, carinho, perdão, não violência... Ela substituirá a ética atual da culpa e dos tabus, que sustentam o medo da punição. E vocês darão a seus filhos uma educação holística, baseada na razão e no amor benevolente.

Responsabilidade universal

Cultivado no plano individual, o altruísmo nos permite assumir uma responsabilidade universal no plano mundial. Fiquei feliz quando, em abril de 2017, alguns *YouTubers* franceses me entrevistaram sobre a responsabilidade universal. Lembro-me de uma garota de 15 anos e meio, Adèle Castillon, que me perguntou, inflando os músculos: "Com estes meus minibíceps, o que posso fazer pelo mundo?". Respondi que, apenas com seus bracinhos, ela provavelmente não poderia fazer muita coisa. E lhe sugeri que transformasse seu espírito e compreendesse que cada ação, cada palavra e cada pensamento tem alcance global. Vocês já têm experiência disso ao difundir suas mensagens pela internet. O campo de ação e de expressão de cada pessoa é mundial. Portanto o exercício de sua liberdade individual lhes atribui não só direitos, mas também responsabilidades e deveres, em escala mundial. O futuro da humanidade não depende exclusivamente dos políticos, dos dirigentes das grandes empresas ou das Nações Unidas. O futuro está nas mãos de todos aqueles que se consideram "um de nós, os 7 bilhões de humanos". Individualmente, não podemos resolver os problemas do mundo. Mas, sem obrigarem e sem culparem ninguém, vocês, respeitando a diversidade, vão inspirar outros jovens pela força do exemplo. O número de indivíduos responsáveis à sua volta passará de uma dezena para uma centena e, depois, para milhares e até centenas de milhares. Então a situação geral vai melhorar. Vocês e seus filhos viverão no mundo a que eu aspiro, mas que com certeza não conhecerei.

Os problemas atuais surgiram, principalmente, porque negligenciamos o bem da família humana e do ecossistema Terra. Não se esqueçam, portanto, de que a responsabilidade universal diz respeito não apenas aos seres humanos, mas também a todos os seres sensíveis não humanos. Quando criança, meus professores me ensinaram a cuidar da natureza. Cresci sabendo que tudo o que é vivo tem consciência. Ora, a consciência é associada a sentimentos de pena, prazer e alegria. Nenhum ser sensível quer sofrer. Na prática budista, estamos tão habituados à compaixão – isto é, ao desejo de pôr fim a todo sofrimento – que procuramos não agredir nem destruir nenhuma forma de vida, aí incluídas as plantas, que tratamos com amor e respeito. Mas vocês, meus jovens amigos, cresceram num mundo que se orgulha de suas proezas tecnológicas e acredita que a natureza deve ser controlada, até corrigida. Esse é um grande erro. Tal atitude não é nem um pouco realista e, de científica, tem apenas o nome. Pois vocês fazem parte da natureza, e a compaixão determina que cuidemos dela tanto quanto de nós mesmos.

Há urgência

É igualmente pelo bem das gerações futuras – os filhos de vocês – que os convoco a fazer a Revolução da Compaixão. Quando os ocidentais se referem à "humanidade", costumam limitar-se ao presente. De fato, a humanidade do passado não existe mais. A do futuro ainda não existe. Segundo a mentalidade ocidental, devemos nos preocupar exclusivamente com as gerações atuais e seus interesses imediatos. A responsabilidade, contudo, só é universal se englobar a opinião daqueles que viverão depois de nós. É preciso considerar que a população mundial, que triplicou no século xx, se multiplicará por dois ou três até o fim deste século.

Pelos padrões atuais de crescimento, o desenvolvimento da economia global exige taxas extremamente elevadas de consumo energético, produção de CO_2 e desmatamento. Se não mudarmos nosso comportamento, haverá degradação ambiental em escala global, ultrapassando tudo o que já presenciamos até o presente. Tomei conhecimento das conclusões dos especialistas: eles nos dão apenas três anos para modificarmos drasticamente nosso consumo atual, responsável pela altíssima emissão de CO_2. Em 2020, será tarde demais. O aquecimento climático, que estará incontrolável, provocará ondas de calor mortíferas nos cinco continentes e a elevação do nível dos oceanos. O tempo urge. Portanto, jovens do terceiro milênio, cabe a vocês fazer essa revolução radical.

Meus jovens amigos, meus queridos irmãos e irmãs, eu, durante toda a minha existência, observei a evolução do mundo. Hoje em dia, com tantos perigos nos ameaçando, precisamos encarar a verdade. Alguns problemas ambientais de causa natural não terão mesmo solução. Vocês tampouco conseguirão controlar catástrofes que são grandes demais. E, o que é mais grave, essas calamidades – como furacões, *tsunamis*, inundações, secas e deslizamentos de terra – vão piorar devido ao aquecimento climático. A única saída será enfrentar a situação com coragem e determinação, sendo solidários e fraternais com os mais vulneráveis.

Será somente por meio da cooperação e ajuda mútua que vocês encontrarão os meios para conter as catástrofes que a injustiça econômica e social provoca e que a cobiça, o egoísmo e outros estados de espírito negativos alimentam. Se desenvolverem sua consciência no sentido de mais benevolência e mais responsabilidade, estarão semeando verdadeiros resultados. Neste momento, a Terra nos dá aviso claro das consequências em grande escala que as atitudes inconscientes do homem produzem. Pela primeira vez na história, o futuro da humanidade depende da geração que está agora assumindo o poder, a de vocês. São vocês os responsáveis pelo futuro de bilhões de seres humanos e de seres vivos de outras espécies, que compartilham a aventura da vida na Terra. Compete a vocês preservar a qualidade dos recursos naturais – o ar, a água, os oceanos, as florestas, a fauna e a flora. Por isso, é fundamental reconhecerem seu potencial de amor e compaixão para cuidar da Terra. Aprendam a amá-la compartilhando-a, em vez de querer possuí-la destruindo-a. Provavelmente ainda teremos de esperar vinte ou trinta anos até que o ser humano consiga mudar seu comportamento. Mas, após esse período, vocês terão a felicidade de ver uma humanidade benevolente e responsável. E legarão este mundo para seus filhos e netos. Eles crescerão em uma família humana reconciliada, consciente de ser um só corpo, uma só consciência. Mantenham, portanto, o entusiasmo e o otimismo de sua juventude para caminhar em direção a dias mais justos e mais felizes. A Revolução da Compaixão está em curso. Cabe a vocês assumi-la, meus amigos.

5

O MUNDO DA COMPAIXÃO EXISTE

Epílogo, por Sofia Stril-Rever

Manhã de 19 de abril de 2017. Quatro jovens *YouTubers* franceses estão conscientes de que acabam de viver um momento excepcional. Eles se encontraram com o guia espiritual dos tibetanos para discutir as ideias deste livro. Embora não o conheçam realmente, o admiram porque, a seus olhos, ele encarna uma humanidade benevolente. Os quatro se impressionaram com a mensagem do da lai-lama no Manifesto da Responsabilidade Universal,[13] em que descobriram reflexões inéditas e ideias originais para criar um mundo melhor. Nesse dia de abril de 2017, as últimas palavras do dalai-lama os convenceram a fazer a revolução. Já que são franceses, tal revolução não poderia partir da França? Essas palavras foram dirigidas a eles, mas, ao pronunciá-las, o dalai-lama se voltou para mim. Para concluir, ele me estendeu a mão e me abraçou. "Minha amiga de longa data!", exclamou carinhosamente.

A menção à Revolução Francesa me remete a alguns meses antes, em 13 de setembro de 2016. Nessa data, eu tinha programado com a Ordem dos Advogados de Paris uma conferência do dalai-lama, reunindo 350 advogados e especialistas internacionais em meio ambiente.[14] Em meu discurso informal, mencionei a epopeia revolucionária de 1789, em que os advogados desempenharam papel fundamental. No dia seguinte, no Senado francês, o dalai-lama, dirigindo-me um olhar cúmplice, afirmou que era discípulo laico da Revolução Francesa. Por isso, interpretei a conclusão de sua entrevista com os *YouTubers* como um convite a concentrar na temática da revolução o apelo do dalai-lama. Essa intenção foi confirmada por ele, e marcamos um novo encontro três meses depois.

A revolução do dalai-lama

Julho de 2017. O dalai-lama me recebe no Shiwatsel Phodrang, ou "Palácio do Jardim da Paz Suprema". É sua residência no Ladaque, uma região no extremo norte da Índia. Durante o tempo em que estamos juntos ali, ele me olha fixamente, transmitindo-me uma energia particular – a energia da Revolução da Compaixão, que o anima no momento. O dalai-lama já realizou em si mesmo a Revolução da Compaixão, essa revolução cuja mensagem ele me confidencia. Para preparar nossa conversa, reuni artigos referentes ao treino da mente, a técnica que, em tibetano, chama-se *lojong*. Ela consiste em exercícios de reorientação progressiva da consciência, que visam a fazê-la deixar de funcionar de maneira autocentrada e se tornar espontaneamente altruísta. Ele, contudo, é categórico: para a geração do século xxi, o treino da compaixão deve basear-se nas descobertas dos neurocientistas, comprovadas pela experiência comum e pelo bom senso. Em primeiro lugar, porque a ciência é universal, ao passo que a religião divide. Em segundo, porque os jovens de hoje têm espírito científico.

O MUNDO DA COMPAIXÃO EXISTE

Em terceiro, porque eles, para transformar a mente, precisam saber como funciona o processo mental e possuir os instrumentos dos neurocientistas para mobilizar a inteligência. O dalai-lama podia ter se inspirado na psicologia budista, que tem 2.500 anos de história introspectiva. Considerando-se metade monge budista e metade cientista, ele se empenhou nos últimos trinta anos em demonstrar que, se houver colaboração entre os neurocientistas e as ciências budistas do espírito, poderemos renovar a compreensão da mente, da medicina e da pedagogia. A introdução de práticas de meditação nos laboratórios de pesquisa, nos hospitais e nas escolas tem se mostrado particularmente eficaz. Mas, ao dirigir-se aos jovens do milênio para conclamar a Revolução da Compaixão, o dalai-lama se pôs no lugar deles. Como orientá-los melhor diante da urgência dos tempos? Indo além da religião. Fundamentando o aprendizado da compaixão na razão humana e no senso comum, sem se referir a um sistema de crenças específico, seja qual for. Quando o escuto, consciente de sua insistência em dar caráter subversivo à sua mensagem, avalio o caminho percorrido desde o primeiro livro que assinamos juntos.[15] Pelas semanas seguintes, ao iniciar os preparativos para o projeto, repasso na mente os melhores momentos de nossa discussão, tentando interiorizá-los para escrever este livro.

Existir é coexistir

Se a mensagem da Revolução da Compaixão me impressiona tanto, é por causa das minhas conversas com advogados e juristas, inicialmente a propósito da Conferência das Nações Unidas sobre Mudanças Climáticas (COP21), em que apresentei a mensagem do dalai-lama sobre ecologia.[16] Nosso diálogo resultou num ciclo de seminários intitulado Direito e Consciência,[17] em que foram abordados o compromisso coletivo, exercido pelo direito, e o compromisso individual, exercido pela consciência. O tema comum – crucial na presente emergência ambiental – é tomarmos consciência tanto de nossas interdependências com o ecossistema Terra quanto da responsabilidade universal que disso resulta.

É no Ladaque, na noite de um encontro com o dalai-lama, que vou sentir essa conexão de forma muito presente, enquanto caminho, descalça, pelo leito arenoso do rio Indo. No horizonte, avisto a cadeia montanhosa do Himalaia. Compacta, maciça, ela expõe os flancos desbastados pela fúria dos ventos, cortando o arco do céu com seus cumes obstinados. Mas a visão da paisagem mineral se desvanece em contato com a torrente do rio e sua impetuosa energia vital.

Eu me torno a água vivente do "rio Leão",[18] que nasce numa fonte de gelo sob o Kailasa, montanha sagrada pontilhada de monumentos votivos construídos pelos peregrinos.

Eu me torno o curso frenético desse grande corpo líquido de 50 milhões de anos, de gargantas vertiginosas, que se estende por mais de 3.000 quilômetros desde a Terra das Neves.* Ele passa pelo Ladaque, Gilgit-Baltistão, Caracórum e Indocuche; depois se inclina em direção ao sul, para irrigar as planícies do Punjab e do Sind; e finalmente deságua no mar Arábico, pelos sete braços de seu largo delta.

Eu me torno os salpicos das águas em meus tornozelos. Elas me transmitem o sofri-

---

* Um dos nomes pelos quais se conhece o Tibete. (N. da T.)

mento do Teto do Mundo, verdadeira prisão a céu aberto, onde crianças, jovens, homens e mulheres de todas as idades, religiosos ou não, se sacrificam no fogo em protesto contra a ditadura da República Popular da China – no Tibete, mais de 150 tochas humanas já queimaram ante a indiferença das nações.

Eu me torno também a voz possante do rio, levando seu canto irreprimível de compaixão, que apela à humanidade para que resgate sua fonte amorosa e iluminada de bondade original.

Nessas paisagens do Himalaia, sinto que existir é coexistir segundo o princípio unitário da vida. Alguns meses atrás, em 21 de março de 2017, Uttarakhand[19] reconheceu como entidades vivas o Ganges, seu afluente Yamuna e todos os cursos de água daquele território. Uma vez que o Supremo Tribunal da Índia concedeu a eles o estatuto e os direitos de uma pessoa, os rios, riachos, regatos, torrentes e cascatas são todos nossos irmãos e irmãs no ecossistema Terra. Aliás, os juízes indianos os colocaram sob a proteção de "pais de rosto humano", encarregados de garantir a saúde e o bem-estar daqueles cursos.[20]

O MUNDO DA COMPAIXÃO EXISTE

Esse gesto de fraternidade para com o Indo me comove profundamente porque sei que o rio está seriamente ameaçado. Na maré baixa, ele se tornou imenso esgoto a céu aberto para a poluição industrial e a concentração humana nas cidades ribeirinhas. Os animais que habitam as águas do Indo estão morrendo, pois as barragens prejudicam os ecossistemas que formavam um só corpo. Para se ter ideia, hoje só restam cerca de mil golfinhos em todo o rio. Quanto ao delta, foi devastado pelo desmatamento e pela elevação do nível do mar, resultante do aquecimento climático. A perda dessas terras agrícolas e riachos, agora submersos, criou mais de 1 milhão de refugiados. Ao longo do rio, formou-se uma linha divisória entre a vitalidade dadivosa da natureza e a pilhagem humana, que causa um ecocídio[21] devastador.

Durante meu voo de retorno do Ladaque, qual não foi minha alegria ao ler estas palavras da ministra indiana Uma Bharti, encarregada da recuperação das águas do rio Ganges: "Creio sinceramente que a questão da água deveria sempre ser abordada com amor, não com agressividade. Já colaboramos com o Nepal e Bangladesh, e é com a mesma dedicação que pretendemos trabalhar com nossos outros vizinhos".[22] Essa declaração se inscreve numa grande revolução dos direitos da natureza, levada a cabo por agentes do mundo jurídico.[23] Alguns governantes seguem seu exemplo. Em 19 de setembro de 2017, durante a Assembleia Geral das Nações Unidas, o presidente da França Emmanuel Macron lançou o Pacto Mundial pelo Meio Ambiente,[24] mais uma etapa que se seguiu ao Acordo de Paris. Há cerca de quarenta anos, Claude Lévi-Strauss observou, de maneira premonitória, que seria preciso impor um limite aos direitos do homem a partir do momento em que suas ações conduzissem à extinção das espécies animais e vegetais.[25] É necessário, portanto, um novo contrato social para repensarmos o direito atual, imediatista e antropocêntrico. Esse contrato já levaria em conta as alterações planetárias que se anunciam, como a previsão de que, até 2050, uma em cada sete pessoas será refugiada climática.[26]

* * *

O despertar da insurreição da compaixão

"Conhecemos os problemas ambientais. Mas será que temos consciência deles?", propõe, muito a propósito, a advogada francesa Patricia Savin.[27] E é aí que a Revolução da Compaixão faz todo o sentido. Pois a transição jurídica deve ser acompanhada de uma transição interior, para mudarmos nossos padrões de consciência e incutirmos altruísmo em nosso coração. As reformas que estão em curso, por mais pertinentes que sejam, não bastam. Precisamos urgentemente transformar a cultura do desempenho, da concorrência e da competição em uma cultura da partilha e da solidariedade. Ora, isso é uma revolução. A Revolução da Compaixão. Ela já está acontecendo. E tem outros nomes, outros porta-vozes.

O monge budista Matthieu Ricard a chama de Revolução Altruísta. Em seu livro sobre o assunto, ele apresenta mais de mil referências científicas para demonstrar que a compaixão modifica as estruturas, a química e as funções do cérebro.[28] E essa revolução é traduzida em atos pelo homem mais feliz do mundo (como Ricard é conhecido) por meio de suas obras humanitárias na Ásia[29] e de seu compromisso com a causa animal.[30] A Revolução da Compaixão é também a Revolução da Fraternidade, um apelo a "repararmos juntos o tecido esgarçado do mundo", conforme expressou muito bem o filósofo francês Abdennour Bidar.[31] Constatando a crise das relações humanas, "mãe de todas as crises" em "um mundo multidespedaçado e polifraturado", Bidar propõe que "transformemos a fraternidade em projeto político".[32] A Revolução da Compaixão é chamada ainda de Democracia da Terra pela física indiana Vandana Shiva.[33] Vandana reivindica cinco soberanias humanas fundamentais – sobre as sementes, a água, a alimentação, a terra e as florestas – para que a humanidade exerça uma democracia verdadeira e profunda, em interação com a totalidade da vida.

Por fim, a Revolução da Compaixão é denominada Um Milhão de Revoluções Tranquilas,[34] insuflando a esperança de um compromisso da sociedade civil, especialmente da juventude, em favor de sociedades mais ecológicas, participativas e solidárias.

A insurreição da compaixão já começou a despertar. E não é um sonho. O mundo da compaixão existe. E está dentro deste.[35]

Em julho de 2017, durante minha entrevista com o dalai-lama no Ladaque, prometi fazer tudo o que fosse possível para que seu apelo fosse atendido. Lembro-me daqueles quatro *YouTubers* que, três meses antes, eu apresentara a ele. Como ficaram orgulhosos, concentrados e comovidos diante do dalai-lama, que procurava atingir tanto o intelecto quanto o coração daqueles jovens! Eram eles: Adèle Castillon, Seb la Frite, Valentin Reverdi e Sofyan Boudouni.[36] Eles descobriram outro universo, distante – muito distante – da efervescência do seu. Lá, o tempo não é o mesmo. Este livro é minha contribuição para o mundo deles, que está nascendo.

Dharamsala, 2 de outubro de 2017

O MANIFESTO DA RESPONSABILIDADE UNIVERSAL[37]

Excertos

A Revolução da Compaixão, para ser posta em prática, exige de nós três conscientizações e onze compromissos de vida, apresentados no Manifesto da Responsabilidade Universal.

Primeira conscientização
PAZ INTERIOR E REALIDADE COMPARTILHADA DA VIDA

Nasci nesta Terra, sou filho(a) da vida, dentro do cosmos.

Meus códigos genéticos captam as mensagens do universo. Estou ligado(a) a todos os seres vivos na realidade compartilhada da vida. O bem-estar deles depende do equilíbrio dos ecossistemas, os quais por sua vez dependem da paz no coração dos homens e do espírito de justiça nas sociedades humanas, em que ninguém deve ser abandonado nem destroçado pela fome, pela pobreza e pela miséria. Num espírito de equanimidade, livre de parcialidade, de apego e de raiva, ajudo a manter e a restabelecer a harmonia da vida.

Viver a paz e a cura interior em cada um de meus gestos, visando ao bem de toda a existência, humana e não humana, é um grande convite para estar vivo, na alegria do amor universal que é a vida da vida.

Segunda conscientização
NOSSA HUMANIDADE INTERIOR

Nasci nesta Terra, sou filho(a) da vida, no seio da humanidade, minha família.

Somente o altruísmo me motiva a agir pelo bem de todos os viventes, assumindo minha responsabilidade universal. Paz interior, amor e compaixão não apenas expressam um ideal nobre, mas também constituem uma solução pragmática dentro da nova realidade, garantindo o interesse geral ao combater o abandono do vínculo social e a extinção das solidariedades. A necessidade de cooperar me leva a reconhecer que a base mais segura para um desenvolvimento sustentável do mundo está em minha prática individual e compartilhada da paz interior, do amor e da compaixão. Assim recupero a esperança e a confiança no destino compartilhado da humanidade.

Terceira conscientização
SATYAGRAHA, A FORÇA DA VERDADE

Nasci nesta Terra, sou filho(a) da vida, no seio da grande paz natural.

Na era da internet e da globalização, quando me sinto manipulado(a) e instrumentalizado(a) pela cultura tecnoeconômica, conscientizo-me de que preciso incorporar uma sabedoria da responsabilidade universal, que, baseada na força da verdade e do amor, o Mahatma Gandhi denomina

"Satyagraha". *Satyagraha* é a minha arma para combater a injustiça sem violência. Pois, se a verdade flui através de mim para se expressar, sou invencível. Ao viver *Satyagraha* no dia a dia, eu me torno, por meio de outros e com outros, artesão(ã) da paz, da justiça e da verdade. Cidadão(ã) do mundo, assumo um novo vínculo cívico de responsabilidade universal. Assim, um dia, as gerações futuras verão surgir o mundo ao qual aspiro, mas que talvez nunca veja. Dentro do possível, portanto, esforço-me para construir constantemente, num espírito de paz e de amor, a nova realidade de uma Terra fraternal.

POSFÁCIO

Uma liderança
no caminho do meio

Nas últimas décadas, o termo dalai-lama se espalhou de diversas formas pelos países do chamado Ocidente: em capas de livros nas livrarias, em vídeos de palestras compartilhados nas redes sociais, em pôsteres e fotos com astros de música pop, a figura e a mensagem do monge budista passaram a inspirar milhões de pessoas em todo o planeta, levando o budismo a um alcance inédito fora da Ásia.

Como uma pessoa vinda de um lugar tão remoto quanto o Tibete – uma região pouco populosa, em meio às montanhas mais altas do mundo – pôde alcançar tamanha notoriedade? Como é possível conciliar os preceitos de conduta e busca do aperfeiçoamento individual do budismo com valores ocidentais modernos voltados a uma vida melhor em sociedade?

Para compreender a mensagem do dalai-lama é preciso compreender não apenas o seu alcance, mas também a trajetória do líder. Antes de tudo, deve-se dizer que dalai-lama não é um nome, mas um título que significa "o grande mestre". Assim como o papa é o líder espiritual dos católicos, o dalai-lama é referência para os seguidores da tradição Gelug do budismo tibetano, um dos principais ramos do budismo. Porém, enquanto o papa é um clérigo escolhido entre os cardeais, já adulto, o dalai-lama é preparado desde muito pequeno para liderar os seguidores dessa tradição. Isso porque ele é considerado uma encarnação (*tulku*) dos dalai-lamas anteriores. A busca pelo novo *tulku* se inicia logo após a morte do dalai-lama. Um conselho de lamas procura evidências deixadas pelo grande mestre anterior que indiquem onde ele poderá reencarnar. Pistas sobre isso também podem aparecer em sonhos dos monges ou em visões durante a meditação.

Além disso, o dalai-lama é há muitos séculos também reconhecido pelos seguidores de diferentes tradições do budismo no Tibete como o líder político de seu povo. Assim, embora espiritualmente seja a reencarnação de um antecessor, cada dalai-lama também deve ser entendido como um homem de um tempo específico, que vive acontecimentos históricos e a eles responde com base em escolhas políticas.

Nascido em 6 de julho de 1935 na província de Amdo, norte do Tibete, Tenzin Gyatso (nome religioso de Lhamo Thondup) foi identificado como o 14º dalai-lama aos 2 anos de idade. Em seguida, foi levado a um monastério em Lhasa, capital do Tibete, onde enfrentou testes e, depois de confirmado por eles, passou por um regime estrito de estudos e rituais no palácio de Potala.

No período entre seu reconhecimento oficial como líder religioso, em 1940, e sua posse como líder político, aos 15 anos, em 1950, o mundo passou por grandes transformações: ao mesmo tempo que acabava a Segunda Guerra Mundial, em 1945, e entrava em crise o modelo do colonialismo, a Guerra Fria – a disputa entre Estados Unidos e União Soviética pela influência mundial se iniciava. No Tibete, as mudanças não foram menores. Até então, o país era oficialmente um protetorado chinês, mas o governo local tinha grande autonomia. Com o final da Segunda Guerra, acirrou-se na China o conflito pelo poder entre os comunistas, liderados por Mao Tsé-tung, e os nacionalistas do Kuomintang, comandados por Chiang Kai-shek. Ambos os lados, porém, desejavam controlar diretamente o Tibete. Poucos meses após a instalação, em 1949, do regime comunista, o exército chinês preparou-se para invadir a região, sob o pretexto de libertá-la de um governo religioso e feudal. Vitorioso, o governo chinês constrangeu o jovem dalai-lama a assinar, em 1951, um acordo reconhecendo a incorporação do Tibete.

Anos depois, em 1959, a repressão chinesa a rebeliões na região levou Tenzin Gyatso a fugir de sua terra. Ele conseguiu permissão para se estabelecer em Dharamshala, no norte da Índia, cidade que sedia o governo tibetano no exílio desde 1960. Nos anos seguintes, apesar da modernização econômica da região, a população tibetana passou a ter seus costumes e hábitos religiosos perseguidos, com grande diminuição de sua liberdade de expressão. Milhares de pessoas foram mortas, e muitas outras buscaram refúgio em países vizinhos.

Em sua luta pelo fim da dominação chinesa, o dalai-lama apresentou diversas apelações à Organização das Nações Unidas (onu) e passou a percorrer o mundo divulgando a causa. Sua mensagem de compaixão despertou o interesse em cada vez mais pessoas no Ocidente interessadas na superação de problemas como: o avanço de conflitos motivados pela Guerra Fria e pelo uso de recursos naturais ao redor do mundo; a desigualdade social nas sociedades capitalistas; as restrições à liberdade nas sociedades socialistas; a exploração irracional da natureza e o descaso com os resíduos e a poluição.

Budismo e pensamento ocidental

O 14º dalai-lama defendeu desde cedo a possibilidade de conciliar a modernização da economia, o uso adequado de terras e recursos, a melhoria da distribuição de renda e a democracia com os valores tradicionais do budismo. O líder tibetano demonstra há décadas interesse por valores progressistas da

POSFÁCIO 85

cultura ocidental laica, tais como o respeito aos direitos humanos, a fraternidade e a cooperação política e o incentivo à pesquisa científica. Para ele, há uma ligação intrínseca entre valores democráticos e bondade humana. Essa afinidade é facilmente explicável. Mesmo sendo uma escola de pensamento milenar, o budismo é caracterizado pela ênfase na doutrina prática, das ações cotidianas – muitas vezes expressa na metáfora do caminho a ser percorrido –, e na rejeição de dogmas por meio da verificação dos pontos de vista de vida de cada indivíduo.

A postura de Tenzin Gyatso representou uma guinada na tradição dos dalai-lamas. Até meados do século xx, havia pouco contato do Tibete com outros países, e a expressão da vontade popular não encontrava espaço, pois o poder era dominado por senhores de terras e monges. Em consequência, questões como a pobreza, o acesso à educação e o desenvolvimento técnico e tecnológico não eram enfrentadas. Em diversos discursos, Tenzin Gyatso criticou a postura de isolamento que o Tibete adotara ao longo da história como estratégia para garantir a paz e lamentou que seu predecessor, o 13º dalai-lama, tenha encontrado obstáculos à implementação de reformas que modernizassem a região e trouxessem maior felicidade à população.

Como líder da Administração Central Tibetana – o governo tibetano no exílio –, a partir de 1960, conduziu o processo de transformação das instituições tradicionais. Uma constituição democrática para o Tibete foi promulgada em 1963, e foi estabelecida a realização de eleições parlamentares. A Carta Magna incorporava todos os valores estabelecidos pela Declaração Universal dos Direitos Humanos, de 1948. No entanto, em razão da continuidade da dominação chinesa sobre o Tibete, o dalai-lama ainda não pôde ver posto em prática seu desejo de conciliar os valores democráticos semeados pela Revolução Francesa e a tradição budista da não violência e da responsabilidade e do cuidado mútuos.

Uma referência budista no modelo proposto pelo dalai-lama é o da *sangha*, a comunidade monástica. A *sangha* instituída por Buda funcionava na base da generosidade e cooperação mútua. Todos eram igualmente incumbidos de fazer as normas valerem e tinham iguais direitos e poder de decisão, independentemente de sua origem social. O modo

POSFÁCIO 87

de vida que levavam despertava o tempo todo sua percepção da necessidade do outro.

Não à toa, ainda que continue sendo uma referência de conduta para seu povo, Tenzin Gyatso declarou repetidas vezes que não pretende assumir a liderança ou qualquer tipo de cargo político, uma vez que o Tibete tenha sua independência reconhecida. Em 2011, abdicou formalmente de todo tipo de autoridade política sobre o governo no exílio, passando-a ao presidente eleito da Administração Central Tibetana.

Nem liberal, nem socialista

Ao longo das décadas, o dalai-lama tornou-se uma voz crítica ao individualismo, ao consumismo e à falta de compaixão das sociedades capitalistas, bem como aos limites impostos à expressão individual e cultural e à participação política das sociedades socialistas. Condenou também o desrespeito ao meio ambiente, a dificuldade em conviver com as diferenças e a existência das guerras.

Já antes de ser levado a se exilar, entrara em contato com textos de diferentes correntes do pensamento político e da história ocidental, e delas aproveitou lições que se mostrariam valiosas em seu papel de líder no exílio. Entusiasmou-se com as ideias de liberdade e igualdade propagadas na Europa ocidental como herança da Revolução Francesa, mas deu especial valor à fraternidade: nela, identificou a expressão do ideal budista de interdependência no plano social. A liberdade e a igualdade são valores importantes para a busca de cada pessoa pelo conhecimento. Mas, acima de tudo, é a fraternidade que pode comportar a ideia de compaixão.

Embora discordasse das posturas autoritárias da administração chinesa, foi por meio do contato com seus representantes, nos anos 1950, que conheceu as obras do filósofo Karl Marx, o maior nome do socialismo científico. E encontrou nelas algo muito diferente do que a administração socialista chinesa fazia na prática. Para Marx, seria inconcebível que uma nação anexasse outra, desrespeitasse sua cultura, oprimisse seu povo por motivos culturais ou políticos e impusesse um modelo de desenvolvimento econômico que não propiciasse condições dignas ao trabalhador. Aos olhos do dalai-lama, era preciso valorizar

POSFÁCIO

nesse pensador o desejo de buscar um mundo mais igualitário, com justa distribuição de riquezas e responsabilidades, e de encontrar uma união internacional, acima de conflitos e interesses de dominação nacionais.

Sem dúvida, segundo o pensamento de Marx, a "operação de libertação" do Tibete realizada pelo exército chinês jamais poderia receber esse nome – e muito menos o de "revolução". Para o filósofo alemão, a revolução depende da tomada de consciência dos próprios trabalhadores a respeito de sua situação de classe e seria construída pelos próprios. De modo análogo, para o dalai-lama, apenas a tomada de consciência de cada indivíduo a respeito de sua situação e seu papel no mundo permitiria construir uma revolução movida pela compaixão – desta vez, uma revolução pacífica.

É possível ir mais além e pensar que o caminho do meio pregado pelo líder tibetano com base nos ensinamentos de Buda guarda muitas semelhanças com correntes ocidentais modernas inspiradas em um pensador ainda mais antigo: o filósofo grego Aristóteles. Tal como na ideia aristotélica de justa medida, o dalai-lama defende o fim do radicalismo na busca constante pela verdade, pela ação boa e pela generosidade.

Um entusiasta da ciência

Outro aspecto em que o dalai-lama se destacou em sua posição de liderança espiritual foi em seu interesse pela ciência contemporânea. Embora o pensamento budista derive de uma tradição distinta daquela que originou a ciência de nossos tempos, esse gosto tampouco deve surpreender. Afinal, são muitas as afinidades entre ambos. Diferentemente de outras grandes tradições religiosas, o budismo vê noções como as de absoluto, eternidade e perfeição com desconfiança. Além disso, uma de suas bases é a busca pelo afastamento da ignorância, vista como fonte de sofrimento e frustração – o que tem estreita relação com a postura científica moderna de abandono dos dogmas e dos preconceitos. Para isso, tanto o budismo como a ciência valorizam as relações de causa e efeito e os dados trazidos pela experiência.

Tenzin Gyatso gosta de recordar que desde jovem, durante sua formação para assumir

POSFÁCIO 91

a posição de dalai-lama, se interessava por astronomia e pelo funcionamento de objetos mecânicos – desde relógios e brinquedos até carros. Com o passar das décadas, travou contato com pesquisadores de diferentes áreas em todo o mundo, tais como o físico Carl von Weizsäcker e o biólogo Francisco Varela, e interessou-se especialmente pela neurociência. Com este último, ajudou a criar o Mind and Life Institute, organização que pesquisa a interface entre neurociência e budismo. Sabe-se que a meditação e outras técnicas contemplativas budistas alteram decisivamente estados mentais e influenciam processos cognitivos e emocionais. Em vez de adotar uma postura religiosa dogmática, o dalai-lama mostrou-se interessado em entender como isso opera neurologicamente.

Para ele, a busca pelo conhecimento científico só pode se constituir como busca pela emancipação. Por isso, condenou reiteradamente o uso instrumental da técnica e da tecnologia, apelando à comunidade científica e àqueles que se beneficiam dos produtos da pesquisa por uma postura ética, em que haja cuidado com o próximo e com a natureza. Inversamente, tampouco se furtou a dizer que textos budistas antigos poderiam estar equivocados quanto às leis do universo físico, pois só o desenvolvimento científico posterior teria permitido descobrir o verdadeiro funcionamento delas. Acima de tudo, o dalai--lama acredita que budismo e ciência podem se aperfeiçoar mutuamente.

Dalai-lama, uma figura internacional

Por sua defesa da paz, do entendimento entre os povos e da não violência, por sua atitude de diálogo com valores dos novos tempos, o 14º dalai-lama tornou-se uma figura popular globalmente, tendo participado de palestras e conferências nos mais diversos países. Sempre preocupado em manter posturas coerentes, não poupou os budistas de Myanmar de uma condenação pela perseguição violenta ao povo *rohingya*, em sua maioria muçulmano.

Abraçou a causa ambiental, a defesa da igualdade entre os gêneros, a luta contra o racismo, a homofobia, a transfobia e outras formas de violência e discriminação.

POSFÁCIO

Usando sua posição de prestígio, nas últimas décadas convocou as pessoas para uma revolução de novo tipo, baseada no despertar para a compaixão.

Após receber inúmeras honrarias de entidades internacionais e Estados-nação, em 1989 Tenzin Gyatso foi agraciado com o prêmio Nobel da Paz "por seu trabalho pela paz e pelas massas desarmadas que marcham em diversas terras em busca de liberdade, paz e dignidade humana". O ano não poderia ser mais simbólico: em junho, centenas de estudantes chineses que exigiam democracia e liberdade de expressão haviam sido massacrados pelas tropas do exército na Praça da Paz Celestial, em Pequim.

Quase setenta anos depois da invasão, a questão do Tibete segue sem resolução. Nem por isso o dalai-lama se abala em sua causa: para ele, apenas a paz e a compaixão podem garantir verdadeira liberdade aos povos da Terra, e nenhuma época foi tão propícia a isso quanto o século XXI.

NOTAS

1 Na forma tibetana de calcular a idade, já temos um ano ao nascer.

2 Em sua teoria da cultura, o professor húngaro-americano George Gerbner (1919-2008) demonstrou que a violência nas telas contribui para a violência real, a ansiedade e a insegurança.

3 Por exemplo, a União Africana, a Asean (Ásia) e o Nafta, o Mercosul, a OEA e a Comunidade do Caribe (Américas).

4 Conferência Mind & Life [Mente e vida] XXIII, outubro de 2011. Os encontros Mind & Life promovem a interação entre o budismo e a ciência para ampliar nossa compreensão da natureza da realidade. Ver em <www.mindandlife.org>.

5 O processo judicial "Juliana vs. Us Climate" foi aberto no estado americano do Oregon em setembro de 2015 com o apoio do climatologista James Hansen. Ver em <www.ourchildrentrust.org>.

6 Segundo avaliação de 2017 da Global Footprint Network, organização de pesquisa que mede a pegada ecológica do homem em todo o mundo.

7 Ver em <www.atlasofemotions.org>.

8 Físico nuclear, Kalam (1931-2015) foi presidente da Índia de 2002 a 2007.

9 Especialmente na Stanford University, com o Centro para Educação e Pesquisa em Compaixão e Altruísmo (Center for Compassion and Altruism Research and Education, www.ccare.stanford.edu); na Emory University, com a Iniciativa Científica Emory-Tibete (Emory-Tibet Science Initiative, www.tibet.emory.edu); e no MIT, com o Centro Dalai-Lama para Ética e Valores Transformadores (The Dalai Lama Center for Ethics and Transformative Values, www.thecenter.mit.edu).

10 Em 1998, o dalai-lama iniciou o treinamento cognitivo da compaixão, ou Cognitive Based Compassion Training, no Centro de Estudos Multidisciplinares e Contemplativos da Emory University, sob a direção do Geshe Lobsang Tenzin Negi, que é *Geshe* pela Universidade Monástica Drepung Gomang, no sul da Índia, e Ph.D. pela Emory University, em Atlanta.

11 O Domingo Sangrento, em 30 de janeiro de 1972.

12 A iniciativa se chama Children in Crossfire. Ver em: <www.childrenincrossfire.org>.

13 Publicado no livro *Nouvelle réalité: l'âge de la responsabilité universelle* [Nova realidade: a era da responsabilidade universal]. Paris: Les Arènes, 2016.

14 Conferência Responsabilité Universelle, Droit et Environnement [Responsabilidade Universal, Direito e Meio Ambiente], com a presença do jurista, político e ensaísta Robert Badinter; de Frédéric Sicard, presidente da Ordem dos Advogados de Paris; de Dominique Attias, vice-presidente da Ordem; dos juristas Patricia Savin, Corinne Lepage, Yann Aguila e Yvon Martinet; e de Khoa Nguyen, presidente e fundador da Peace and Universal Responsibility Europe (Pure, www.responsabilite-universelle.org).

15 *Mon autobiographie spirituelle*. Paris: Presse de la Renaissance, 2009. [Edição brasileira: *Minha autobiografia espiritual*. Rio de Janeiro: Bertrand Brasil, 2009.]

16 Colóquio internacional Guerra-Paz-Clima, Soluções COP21, dezembro de 2015.

17 Droit et Conscience, <www.droitetconscience.org>. Reconhecido oficialmente pela Ordem dos Advogados de Paris.

18 Senghe Tsangpo, o nome do Indo em tibetano.

19 Um dos estados do norte da Índia.

20 Ver Valérie Cabanes, *Homo natura*. Paris: Buchet/Chastel, 2017.

21 Ver a definição do crime de ecocídio em <www.endecocide.org/ecocide/>.

22 Shubh Yatra – The Inflight Magazine of Air India, July 2017, p. 65.

23 Ver a obra de referência de Valérie Cabanes, *Un nouveau droit pour la Terre* [Um novo direito para a Terra]. Paris: Seuil, 2015.

24 O Pacto foi redigido por cem especialistas internacionais, sob a direção do jurista francês Yann Aguila, ex-magistrado, membro do Conselho de Estado da França, presidente da Comissão Ambiental do Club des Juristes e secretário-geral do Grupo de Especialistas para o Pacto. <www.pactenvironment.org>.

25 Ver Lévi-Strauss, *Le Monde*, 21 janvier 1979.

26 Ver a Charte des Déplacés Environnementaux [Carta dos Refugiados Ambientais], do jurista francês Yvon Martinet <www.droitetconscience.org>, e a Déclaration Universelle des Droits de l'Humanité [Declaração Universal dos Direitos da Humanidade], da também jurista francesa Corinne Lepage <www.droitshumanite.fr>.

27 Presidente da associação Orée e responsável pela Comissão de Desenvolvimento Sustentável na Ordem dos Advogados de Paris, conferência Climat et Conscience, 31 de agosto de 2017. <www.droitetconscience.org>.

28 *A revolução do altruísmo*. São Paulo: Palas Athena, 2015.

29 Por meio da associação Karuna Shechen. <www.karuna-shechen.org>.

30 Ricard, *Plaidoyer pour les animaux*. Paris: Pocket, 2015. [Edição brasileira: *Em defesa dos animais – direitos da vida*. São Paulo: Palas Athena, 2017.]

31 Criador do movimento Fraternité Générale <www.fraternite-generale.org> e autor de *Plaidoyer pour la fraternité* [Em defesa da fraternidade] (Paris: Albin Michel, 2015); *Les Tisserands* [Os tecelões] (Paris: LLL, 2016); e *Quelles valeurs partager et transmettre aujourd'hui?* [Quais valores partilhar e transmitir hoje?] (Paris: Albin Michel, 2016).

32 Entrevista com Xavier Thomann para o programa *Télérama*, 31 de outubro de 2016.

33 Em 1993, Vandana foi agraciada com o Right Livelihood Award, o chamado "Prêmio Nobel alternativo". <www.navdanya.org>.

34 Título do livro de Bénédicte Manier, *Un million de révolutions tranquilles*. Paris: LLL, 2016.

35 Parafraseando o poeta francês Paul Éluard (1895-1895), que escreveu: "Existe outro mundo. Está dentro deste" ["Un autre monde existe. Il est dans celui-ci"].

36 Acompanhados pela jornalista e roteirista Anaïs Deban. Ver o vídeo *Séjour en Inde* [Estada na Índia], de Seb la Frite. <www.youtube.com/watch?v=wmT0h3e6Am0>.

37 O manifesto foi escrito por Sofia Stril-Rever a pedido do dalai-lama, seguindo o espírito de seus ensinamentos. Revisado e editado pelo venerável Samdhong Rinpoché; pelo professor Robert Thurman, da Columbia University, Nova York; e pelo professor Eric Itzkin, vice-diretor do Departamento de Imóveis Tombados do Patrimônio Histórico (Immovable Heritage) de Johannesburgo. Versão finalizada pelo dalai-lama em Oxford, em setembro de 2015. Texto integral em *Nouvelle réalité* [Nova realidade], Paris: Les Arènes, 2016.

Compartilhe a sua opinião
sobre este livro usando a hashtag
#FaçamARevolução
nas nossas redes sociais:

 /EditoraAlaude

 /EditoraAlaude

 /AlaudeEditora